상상리뷰 기획특집

결

박희연

도서출판 상상인

• 본문 페이지에서 한 연이 첫 번째 행에서 시작될 때에는 〈 표기를 합니다.
• 저자의 의도에 따라 작품의 보조 동사와 합성 명사는 띄어쓰기가 달라질 수 있습니다.

결

차례

1부 흐르는 라임

강수화
결 15
밤물결 19
몽규를 기억하며 23
마스크 28
출항 31

김민자
처음부터 35
투명한 농담 38
사랑을 익힌다 42
안녕 45

김완수
레몬 51
울음의 기원起源 57
케테 콜비츠 63
반디의 시위 70

2부 기억의 라임

박두규	그대 10	77
	사랑	80
	그림자	83
	가여운 나를 위로하다	86
석연경	월식	90
	복숭아 성전	93
	라벤더	96
	매화에 내리는 비	99

3부 너머의 라임

안준철	결핍	103
	꽃도 서성일 시간이 필요하다	106
	별에 쏘이다	110
	첫눈	114
유홍준	북천 -까마귀	119
	천령	123

1부 흐르는 라임

강수화

김민자

김완수

결

낙타를 타고
떠난 유목민들의 말들은 언어로 떠다니고
물결의 말들을 모아
바람의 말들을 타고 산다

우리는 보이지 않는 발이 있어
어른거리며 반사되어 닿는 순간
소리 없이 떠밀려 사라졌다

정강이뼈로 만든 케나처럼
튀어 오르는 반짝거리는
물벌의 말들이 섞여진다

물결의 말들은 언어가 없다
그들은
자신의 감정들을 숨겼다, 다가갔다

골짜기 타고 흘러 온 말들이
하나로 모여 헤아릴 수 없는
유전자들을 기록하고 남겼다

만몸으로 부딪혀 오는 거대한 파도처럼

2024년 여름 강누타

결
- 강수화

낙타를 타고
떠난 유목민들의 말들은 언어로 떠다니고
물결의 말들을 모아
바람의 말들을 타고 산다

우리는 보이지 않는 발이 있어
어른거리며 반사되어 닿는 순간
소리 없이 떠밀려 사라졌다

정강이뼈로 만든 퀘나처럼
튀어 오르는 반짝거리는
물결의 말들이 섞여진다

물결의 말들은 언어가 없다
그들은
자신의 감정들을 숨겼다, 다가갔다

골짜기 타고 흘러온 말들이
하나로 모여 헤아릴 수 없는
유전자들을 기록하고 남겼다

맨몸으로 부딪혀 오는 거대한 파도처럼

라임 부연

물결이 건네 오는 말에 귀 기울일 수 있는 시심이 부럽다. 시인을 따라 유목민들에게 시선이 머물다가, 케나Quena의 선율에 푹 담그기도 했다가, 골짜기를 타고 흘러가는 물의 흐름에 집중해 본다. 시인의 언어는 물빛처럼 반짝이면서 영롱하다. 온갖 슬픔을 삭여 알알이 빛나는 진주 같기도 하다.

시에서, 말과 언어는 교차해서 등장한다. "유목민들의 말들은 언어로 떠다니고"라든지, "물결의 말들은 언어가 없다", "반짝거리는 물결의 말들이 섞여진다"는 구절도 있다. 윤슬처럼 반짝거리는 잔물결을 표현하기도 하고 사람들이 하는 말들을 표현했다. 시인은 사람들이 하는 말들도 흐르는 물처럼 흘러가기 때문에 물결의 말들은 말이 없고 자신의 감정을 숨기기도 하고 다가서기도 하며 투명하게 표현했다.

문장의 결은 이어져 있지만 또 다르다. 그 같음과 다름 속에서 시인은 외줄타기에 성공한 모습이다. 그렇기에, "맨몸으로 부딪혀 오는 거대한 파도"에 맞서, 뒤 구절을 삼키고 아낄 수 있었겠지 싶다.

이는 말과 언어를 비슷하게 인지하고 있었을 독자에게는 물음표로 다가올 수 있다. 나 또한 여러 차례 곱씹어 생각해야 했다. 그러다 겨우 깨달았다. 언어도단語道斷 속에서 말할 수는 있지만 언어를 부려 쓸 수는 없을 것이다.

  평소 시에 대한 깊은 애정으로 인해 말을 아끼던 시인의 모습이 떠오른다. 모두의 시를 귀히 여기는 만큼 시를 쓰고 고뇌하는 마음을 알기에 타인의 시를 조용히 듣는다고. 이러한 태도는 묵직한 침묵 속에서 더 빛나는 광선일지 모른다.

밤 물결

강 수 화

숨어 있던 먼지가 빛 속에
반사되던 계단을 올라가면
눈에 보이지만 잡을 수 없는 것을
생각해 본 적이 있다

거북처럼 목만 길게 내밀어
주변을 경계했다
흘러가는 것은 물소리만이 아니라
흔들렸던 모든 순간인 것을 이제는 느낀다

길어진 그림자처럼
나도 나를 내려다보는 밤
흔들다리 위를 타고 바람처럼
녹이 슬어버린 소리에
기대어 온기를 품고 싶었다

어미개가 품던 알처럼
다닥다닥 붙어있던 아파트의
불빛들이 번져나갔다

죽은 듯 거대해 보이는
저곳은 누구의 집이었을까
길을 잃은 빈밤들은
흔들리던 꿈을 꾸고

밤물결
- 강수화

숨어 있던 먼지가 빛 속에
반사되던 계단을 올라가면
눈에 보이지만 잡을 수 없는 것을
생각해 본 적이 있다

거북처럼 목만 길게 내밀어
주변을 경계했다
흘러가는 것은 물소리만이 아니라
흔들렸던 모든 순간인 것을 이제는 느낀다

길어진 그림자처럼
나도 나를 내려다보는 밤
흔들다리 위를 타고 바람처럼
녹이 슬어버린 소리에
기대어 온기를 품고 싶었다

어미 게가 품던 알처럼
다닥다닥 붙어있던 아파트의
불빛들이 번져나갔다

죽은 듯 거대해 보이는
저곳은 누구의 집이었을까

길을 잃은 신발들은
흔들리던 꿈을 꾸고

라임 부연

"흘러가는 것은 물소리만이 아니라/흔들렸던 모든 순간인 것을 이제는 느낀다"는 시인의 고백이 마음 깊숙이 와닿는다. "기대어 온기를 품고 싶"을 만치 쓸쓸한 시인의 글을 따라, 소외된 이들의 마음과 길을 잃고 헤매는 신발들에도 눈길을 주어 본다. 아파트의 어른거리며 반사되는 번져가는 불빛들 속에서 자연스레 술래, 솔래, 촐래라는 단어를 연이어 떠올려 본다.

밤물결이라는 단어가 주는 힘을 생각했다. 밤이 가지는 이미지와 물결을 더해 보았다. 밤에 흘러가는 물결을 가만히 바라보고 있을 시인을 생각했다. 가로등의 불빛을 타고 길어진 그림자처럼 나도 나를 내려다보는 밤에 시인은 어둠과 쓸쓸함 가운데 빛을 찾는 존재이다. 그 모습이 꼭 술래잡기 놀이에서 숨은 아이들을 찾아내는 술래 같다. 한편 솔래率來는 여러 사람을 이끌고 온다는 뜻을 가지고 있다. 촐래는 제주어로 반찬을 의미하는 사투리이다. 담백하지만 깔끔하고 깊은 맛을 내는, 멸치젓과 무를 졸여 만든 제주식 반찬이다. 길어진 그림자처럼, 흔들다리 위에서 노는 바람처럼, 자신을 바라보는 화자의 마음을 상상해 본다.

마지막 연의, 길을 잃은 신발들이 꾸는 "흔들리던 꿈"들이, 촐래밥상을 누리며 함께 따뜻한 밥을 먹기를 바란다. 온기 속 그들이 푸른 꿈을 꾸며 자라나길 바라본다.

몽규*를 기억하며

나는 빛나지 않는 것들에 대한 무게를 저울에 달기 시작했다

우리는 촉망받는 젊은 시인의 언어를 생각하고 스며드는 그의 문장에 대해 암송했다
탄성은 늘 다른 이의 몫이다 글자들이 번져나간다 감정은 늘 미로처럼 휘둘러 좁좁한 그늘을 만든다

나는 몽상하였다 입술이 입술에 닿을 때까지 멀어진 길이 다시 가까워질 때까지
입술의 주름이 깊어지는 순간 밤하늘의 별들이 어질어질하다

서로가 스쳐 치는 마음이 있다 다시 돌아올 수 없지만 보내는 마음과 아득한 기억들
눈빛을 읽는다 바람이 분다 미묘하게 흔들렸던 것은 말라가는 빨래의 언어다

중지에 낀 심장과 연결되어

상처는 자유되고 터지고 겨울되는 무한반복이다
성장을 면해 어른이 될 수 없는 이를 우리들은 오랫동안 기억하여야 한다

2024년 여름
강수화

* 시인 윤동주에게 많은 영향을 끼친 시인이며 독립운동가

몽규*를 기억하며
- 강수화

나는 빛나지 않는 것들에 대한 무게를 저울에 달기 시작했다

우리는 촉망받는 젊은 시인의 언어를 생각하고 스며드는 그의 문장에 대해 암송했다
환호성은 늘 다른 이의 몫이다 글자들이 번져나간다 감정은 늘 미로처럼 얽혀 촘촘한 그늘을 만든다

나는 몽상가였다 입술이 입술에 닿을 때까지 멀어진 길이 다시 가까워질 때까지
입술의 주름이 깊어지는 순간 밤하늘의 별들이 어질어질하다

서로가 스쳐 가는 마음이 있다 다시 돌아올 수 없지만 보내는 마음과 아득한 기억들
눈빛을 읽는다 바람이 분다 미묘하게 흔들렸던 것은 말라가는 빨래의 언어다

중지에 낀 심장과 연결되어
〈

상처는 치유되고 터지고 치유되는 무한반복이다
 성장을 멈춰 어른이 될 수 없는 이를 우리들은 오랫동안 기억하여야 한다

* 시인 윤동주에게 많은 영향을 끼친 시인이며 독립운동가.

라임 부연

"빛나지 않는 것들에 대한 무게를 저울에 달기 시작했다"라는 문장에서 숨이 덜컥 내려앉았다. 시인은 빛나지 않아 더 묵직하게 다가오는 존재들을 침묵 속에서 호명하는 방법을 아는 것 같다. 윤동주라는 빛을 소중히 품어 더 빛을 발하게 해주었던 송몽규를 전면에 호명해내는 것으로 보아 그러하다.

"기억해야 할 역사"라는 표현이 주는 양면성을 묵상해 보게 되기도 했다. 역사 지식을 강박적으로 쓸어 담아 외워야 할 것만 같았던 시절에는 몰랐던, 하나하나의 인물과 사건을 인식하는 것의 다정함과 애정을 알아가고 있다.

그런 의미에서, "성장을 멈춰 어른이 될 수 없는 이를 우리들은 오랫동안 기억하여야 한다"라는 시인의 화법과 태도를 우리는 배울 필요가 있다. 트라우마로 인해 성장이 멈춰질 수밖에 없는 상황을 함께 아파하며, 이를 극복할 방법을 오래 기억하는 것에서 찾는 태도를 말이다. 그렇기에 "치유되고 터지고 치유되는" 무한반복 그 가운데에서도 시인은 초연함을 유지할 수 있었던 것이리라.

시에서도 고백했듯이, 시인은 다소 "몽상가"적인 면모가 있다. 하지만 함께 꾸는 꿈은 현실이 된다고 믿으며 고군분투하는 면모도 함께 있다. "환호성은 늘 다른 이의 몫"이라고 자조하지만, 더 열심히 박수와 함성으로 타인을 응원하는 모습을 자주 보아왔다. 그러한 시인이기에 어질어질해서 아찔한 별빛들과 궤를 같이할 수 있는 것이겠지.

흔적을 지우려고 했던 건 아니야
이상ž 해
그들의 투명한 그림자를 지나
나는 돌아보지 못해
손을 뻗어 별을 잡아
검버섯 같은 얼룩이 피어나
아무도 말하지 않았지만
모두가 알고 있는
달려온 진득한 기억들
까만 밤바다를 떠돌게 해
웅크리고 돌아가지 못해
사방에 흩어진 낡아버린
바람한 바람에 몸을 숨겨
누구도 알지 못하는 얼굴을 가려
떠나가지 마
잠을 수 없을 테지
오랫동안 흔들리던

달이 떨어져

마스크
- 강수화

혼적을 지우려고 했던 건 아니야
이상도 해
그들의 투명한 그림자를 지나
나는 돌아보지 못해
손을 뻗어 별을 잡자
검버섯 같은 얼굴이 피어나
아무도 말하지 않았지만
모두가 알고 있는
딸려 온 진득한 기억들
까만 밤바다를 떠오르게 해
웅크리고 돌아가지 못해
사방에 흩어진 삭아버린
비릿한 바람에 몸을 숨겨
누구도 알지 못하는 얼굴을 가려
떠나가지 마
잡을 수 없을 테지
오랫동안 흔들리던

달이 떨어져

라임 부연

"흔적을 지우려고 했던 건 아니"라고 시인은 독백처럼 말했다. 바람에 몸을 숨겨 누구도 알지 못하는 얼굴을 가린다.

시를 읽자니, 마스크mask와 머스크musk가 연이어 떠올랐다. 얼굴을 가리는 가면假面이기도 하고 입과 코를 가려 병균이나 먼지 등으로부터 우리를 보호해 주는 마스크. 사향麝香노루에서 추출하여 강심·흥분·진경제鎭痙劑로도 쓰이며, 기절하였을 때 정신이 들게 하는 약으로 두루 쓰였다는 머스크. 원래 진했던 향을 묽게 하여 향긋한 머스크향으로도 쓰이는 머스크. 둘 다 인체에 필요한 기능을 수행해주는 소중한 존재들이다. 마스크로 가려지지 않는 머스크향을 맡듯이 시인의 시를 음미해 본다.

그러나 사실 시는 표면적인 마스크라는 제목과 달리 세월호의 아픔을 은유한 것이라 한다. "아무도 말하지 않았지만 모두가 알고 있는" 사실은, 세월호로 인해 수많은 인명이 아프게 희생되었다는 것이다.

그렇게 "까만 밤바다"에서 웅크린 채 절규해야 했던 아픔들을 알알이 기억하는 시인의 시선에서 공명하는 아픔이 느껴진다. "떠나가지 마"라고 붙잡지만 결국 "잡을 수 없"이 떠나간 존재들, 결국 오래 흔들리던 달이 떨어지는 장면으로 끝맺어야 했던 호흡을 따라, 해결되지 못한 아픔을 고이 마음에 품어보는 것이다.

출 항

강수화

어둠이 어스름한 바다를 삼킬 때
그리운 얼굴을 기억했다
하얀 얼굴을 보며 출항할 때
당신은 정박할 수 없는 배였다.

수많이 긴 시간 동안 바다를 떠돌며
고단한 인생의 전부를
어선의 한 귀퉁이에 몸을 실어

휘몰아치는 파도에도
온몸 사무치며 폭우 속에서도
한 번도 휘청이지 않았다

슬픔도 삭히면 흥이가 될까?

동트는 새벽
어둠을 몰아내고
닻처럼 굽어진 등을 펴자

당신의 출항은
뜨거운 심장의 고동 소리처럼
힘차게 바닷길을 가르다

출항
- 강수화

어둠이 어스름한 바다를 삼킬 때
그리운 얼굴을 기억했다
하얀 입김을 불며 출항할 때
당신은 정박할 수 없는 배였다

수없이 긴 시간 동안 바다를 떠돌며
고단한 인생의 전부를
어선의 한 귀퉁이에 몸을 실어

휘몰아치는 파도에도
온몸 나부끼며 폭우 속에서도
한 번도 휘청이지 않았다

슬픔도 삭히면 홍어가 될까?

동트는 새벽
어둠을 몰아내고
활처럼 굽어진 등을 펴고

당신의 출항은
뜨거운 심장의 고동 소리처럼
힘차게 바닷길을 가른다

라임 부연

 씩씩하게 바닷길을 가르며 출발하는 여객선의 설렘이 글 한가득 느껴진다. 폭우 속에서도 휘청이지 않고 담담히 그 길을 감내하는 모습이 믿음직스럽다. 뜨거운 심장의 고동소리와 뱃고동소리는 이미 혼연일체渾然一體가 되어 있다. 그렇기에 동트는 새벽이 어둠을 몰아내듯 배의 전진은 빛으로 향해가는 과정이 될 것이다.
 시를 읽으며, 미쁘다와 구쁘다, 기쁘다라는 단어가 연이어 떠올랐다. 미쁘다는 믿음직하다, 구쁘다는 배 속이 허전하여 자꾸 먹고 싶다는 뜻을 가진 단어다. 배를 탄다는 것은 많은 위험을 무릅쓰고 '이곳에서 저곳으로' 이동하는 행위다. 침몰했을 때의 위험성을 내포한 채 어려운 걸음을 내딛는 행위다.
 그렇기에 믿음직스럽게 항해의 전반을 책임지고 안전을 보장할 선장과 선원의 역할이 중요하다. 긴장 속에서 이동하다 보니 배가 출출해지기도 한다. 그러나 항해에 성공한다면 모두는 기쁨에 도달하게 된다.
 사실 물 공포증이 있고, 겨우 도전했던 수영도 1개월 만에 그만두었던 나로서는 세월호, 이후 배를 못 타는 트라우마를 심하게 겪었다. 그렇기에 배로 떠나는 여행에 주저함이 많았지만, 용기를 내어 안전하게 여행을 다녀오고 나니 그 배의 선장과 선원분들에게 진심 어린 감사함이 커졌다. 모두 함께 그 사고로 아팠지만, 다시 신뢰를 찾아가는 모습들이 뭉클하기도 했다. 앞으로의 항해도 부디, 모두, 안전했으면 좋겠다. 다행히 시인의 시대로라면, 안전할 것 같다는 기대감이 솟는다.

처음부터 김민자

삐에로 장화를 신고
도시 한복판 빌딩 숲을
달려라, 달려라, 달려라, 라라라.
너를 지우는 전사를 만나도
너의 멀쩡이 나를 덮는다
가상화폐는
너에게 옳인 했잖아?
장화를 들고
달리고, 달린다, 달린다, 다다다.
처음부터 뛰기 시작한 게임은
시곗바늘을 자르는 연습이었고
동전이 쌓일수록
주머니 속 거짓말들은 둥둥 말린다
너의 존재를 비우는 도시에서
시계와 장화를 파는 게임을
도.
시작한다

처음부터
− 김민자

삐에로 장화를 신고
도시 한복판 빌딩 숲을
달려라, 달려라, 달려라, 라라라,

너를 지우는 전사를 만나도
너의 얼굴이 나를 덮는다

가상화폐는
너에게 올인했잖아?

장화를 들고
달리고, 달린다, 달린다, 다다다,

처음부터 뛰기 시작한 게임은
시곗바늘을 자르는 연습이었고
동전이 쌓일수록
주머니 속 거짓말들은 돌돌 말린다

너의 존재를 비우는 도시에서
시계와 장화를 파는 게임을

또,

시작한다

라임 부연

 바람을 가르며 빌딩 숲을 헤쳐 나가는 빨강 장화를 신은 존재가 자연스레 그려진다. 달리는 몸짓이 라라라, 노래하듯 밝고 경쾌하고, 다다다, 전력 질주하는 모습이 멋지고 통쾌하다. 그렇기에 가상화폐의 올인마저 거뜬히 받아낼 수 있었던 것이리라.
 하지만 방향성은 계속 앞으로 달려가지만, 시점은 계속 처음을 잊지 않는다. 「처음부터」라는 제목, "시작한다"로 끝나는 말미가 이를 증명한다. 알파(A)와 오메가(Ω)가 이어져 있고, 처음과 끝은 본디 하나라는 옛말이 하나도 틀리지 않는 것처럼.
 시곗바늘을 자른다는 것은 무엇을 의미할까 묵상하게도 된다. 어쩌면 흘러가는 세월을 올스톱하면서 자신의 지향점을 다듬어가는 것이지 않을까. 그래야 달려갈 수 있으니까.
 그래야 (힘이) 달리지 않을 수 있으니까. 시간을 자르며 또 바람을 가르며 격렬하게 뛰어가는 몸짓을 응원한다. 그리하여 끝이 또 시작이 되고 시작함으로 끝이 되는 여정이 지치지 않기를 내내 빌어본다.

투명한 농담   김민자

시의 첫 문장은
격렬하게 햇빛질하는 자라의
숨으로부터 시작되었다

둥근 것부터 잘라 내기 시작했다.
소문
담장
검은 빛

매일매일 가난을 밟고
공터에서 누구나 뻔뻔한 얼굴
재활용 쓰레기 봉투처럼 던져라

둥근 방에서
다시 오가지가
걸어진 여름

걸어지는 것을 구부려 보았다
건망증
내일
여름

공터에서 사라진 그림자들은
눈물이 없다
나는 가면이 없다

투명한 농담
- 김민자

시의 첫 문장은
격렬하게 헛발길하는 자의
삶으로부터 시작되었다

매일매일 가난을 밟고
공터에서 누구나 뻔뻔한 얼굴
재활용 쓰레기봉투처럼 던져진다

길어지는 것을 구부려 보았다
건망증
내일
여름

둥근 것부터 잘라내기 시작했다
소문
답장
검은빛

둥근 방에서
다시 모가지가
길어진 여름

공터에서 사라진 그림자들은
눈물이 없다
나는 가면이 없다

라임 부연

　시의 첫 문장이 벌써 마음에 차오른다. 격렬한 헛발질이 내 삶에도 많았었기에, 공감하며 빙긋이 미소가 지어졌다. 매일 가난을 밟아야 하고 재활용 쓰레기봉투처럼 던져지는 마음은 어떤 것일까, 짐작도 해본다.
　시인의 시도들이 실험적이고 참신하다. "길어지는 것을 구부려 보기"도 하고 "둥근 것부터 잘라내기 시작"하기도 해가며. 그 리스트List(건망증, 내일, 여름, 소문, 담장, 검은빛)가 리스트Liszt의 사랑의 꿈처럼 달콤한 것은 시인의 내공일 것이다.
　막바지에 다다르면, 모가지는 길어지며 그림자는 공터에서 사라지는데 눈물이 없고, 나는 가면이 없다고 한다. 그런데 제목은「투명한 농담」. 눈물이 말라가고, 공허한 공터에서 농담처럼 자조할 수밖에 없는 화자가 떠오른다.
　시인 또한 그러한 세월을 투명하게 삭혀오지 않았을까, 구명究明, 救命해야 할 구명조끼 없이, 가면 없는 삶을 견뎌내야 했을 시인의 아픔을 담담히 공명한다.

사랑을 익힌다 김민자

너의 입술과 나의 심장은 홍골린 벨스

노을로 타들어 가고 싶었다 너의

손바닥 온도에 내 마음은 고비사막

어린 낙타와 시를 썼다 흘낏,

너의 눈빛에 찔린 나의 심장

조각난 별들이 잠든 모래 위에

누워 사라져 버린 부족의

춤으로 달빛을 채찍질 했다

사랑을 익힌다
- 김민자

너의 입술과 나의 심장은 홍골린 엘스
노을로 타들어 가고 싶었다 너의
손바닥 온도에 내 마음은 고비사막 어린 낙타와 시를 썼다 흘낏,

너의 눈빛에 찔린 나의 심장
조각난 별이 잠든 모래 위에
누워 사라진 부족의
춤으로 달빛을 채찍질했다

라임 부연

   오색린을 타고 가는 홍골린 엘스라는 라임이 떠올랐다. 오색린五色麟은 다섯 색깔을 지닌 기린이라는 뜻으로 좋은 임금이 왕도 정치를 행할 때 나타나는 상상의 동물이다. "홍골린 엘스"는 고비사막의 한 지명으로 주황빛 모래언덕이라는 뜻이라 한다. 노을로 타들어가는 사막 한가운데에서도 좋은 세상에 대한 꿈을 버리지 않는다면 오색린과 함께 무지갯빛 희망을 그려갈 수 있지 않을까?
   시인의 시에서도 그러한 희망을 향해 나아가는 노래와 노력을 엿볼 수 있다. 너의 손바닥 온도는 예상보다 차가웠을 것이고 마음은 고비사막처럼 버석하지만 어린 낙타와 시를 쓰며, 달빛을 채찍질해가며 '나'는 그 걸음을 멈추지 않는다.
   그렇기에 타들어가는 마음을 흘깃 엿보았을 때 이미 너의 눈빛에 나의 심장은 찔려 있었을 테다. 별은 조각나 있으며 모래는 잠들어 있고 부족의 춤은 영영 사라졌을지언정, 달빛을 채찍질할 힘이 남아 있는 것은 문학이 가지는 단단한 저력이지 않을까 점쳐본다.

안녕, 김민자

놓쳐버린 그 시절 연.
달빛에 귀를 걸어도 들리지 않는 소문
우리는 뱀에 물린 고양이처럼
서로의 눈만 바라보네

미열이 있던 아이의 노래가
나의 혈관 속으로 뭉글 뭉글
고인 침은 칸타타 음률로 삼킨다

그대여,
숨어 속삭이기 좋은 봄볕도
낮술도 마다 하고
나의 뜨거운 입술도 져 버리고

허공을 향해 노래 하는가
달뜨기를 기다려
한 보자기씩 한 자루씩
붉은 별을
낡은 저 여신의 발목을
잡아보게

안녕,
초록 양산 손잡이와
푸른 스카프여

안녕
- 김민자

놓쳐버린 그 시절 연,
달빛에 귀를 걸어도 들리지 않는 소문
우리는 뱀에 물린 고양이처럼
서로의 눈만 바라보네

미열이 있던 아이의 노래가
나의 혈관 속으로 뭉클뭉클
고인 침은 칸타타 음률로 삼킨다

그대여,
숨어 속삭이기 좋은 봄볕도
낮술도 마다하고
나의 뜨거운 입술도 저버리고
허공을 향해 노래하는가
달 뜨기를 기다려
한 보자기씩 한 자루씩
붉은 별을
날으는 저 여신의 발목을
잡아보게
〈

안녕,

초록 양산 손잡이와
푸른 스카프여

라임 부연

 칸타타와 소나타와 대취타의 아가타, 라는 라임이 생각난다. 칸타타는 바로크 시대의 성악곡이며, 소나타는 기악을 위한 독주곡이나 실내악으로 서양음악이다.

 그에 반해 국악 대취타는 왕의 행차 및 능행 때 연주된 대규모 행진곡을 뜻한다. 평소 국악과 서양음악은 각각의 매력이 아름답다는 생각을 가지고 즐겨 들었다. 음악이라는 치유제 속에서 나는 내내 회복의 역사를 써내려 왔다.

 이러한 음악은 그 자체로 아가타(온갖 병을 고친다는 인도의 신령스러운 약. 모든 번뇌를 없애는 영묘한 힘이 있다.)라서, 극강의 아픔도 녹이는 체험을 여러 번 했다. 그렇기에 시인 또한 "미열이 있던 아이의 노래가 나의 혈관으로" 전해져 "칸타타 음률로 삼킬" 수 있었을 것이다.

 달 뜨기를 기다리는 마음이 얼마나 달뜬 것인가를 묵상하게 되기도 한다. "날으는 저 여신"은 아마도 행운의 여신 니케일지도 모른다. 그리고는 삼켰던 말을 겨우 내뱉어 인사를 건넨다.

 그 안녕安寧이 정녕 너무도 아름다워서, 놓쳐버렸던 그 시절의 연마저도 다시 끌어올 수 있을 것 같다. 시인을 따라 나 또한 어렵사리 진신사리眞身舍利 같은 안녕 인사를 건네어 본다. 초록 양산 손잡이를 꼭 잡고서. 푸른 스카프를 산뜻하게 맨 채로.

〈시〉

레몬

레몬은 나무 위에서 해맑한 부처야
그러잖고서야 혼자 세상 쓴맛 다 삼켜 내다가
정신 못 차리는 세상에 맛 좀 봐라 하고
복장을 상큼한 신트림으로 불속 터 으 릴 리 없지

어쩌면 레몬은 말야
대승의 목탁을 두드리며 희망가야를 넣는 고승이
중생의 편식을 제도하다가
단 것 단 것 하는 투정에 질려
세상으로 향한 목탁의 운고리는 감추고
노란 고치 속에 안거한 전자 올라
들어 봐,
레몬 향기가 득도의 목탁 소리 같

잘아

　레몬은　반공을　꿈꿔　튼　게　분명해

　너도　나도　단맛에　절여지는　세상인
데
　저안　혼자　시어　보겠다고
　비딱하게　들어앉아　라선확　기　없지
　가만　보면　레몬은　말야
　향달　든　부채가　톡　쏘는　것　같아
도

　내가　단것을　상큼하다고　우길　땐
　바로　온　별고　나타　는　철끈　감기
는　강화를　주거든
　파계처럼　단맛과　몸　섞은　레몬수를
보더라도
　그　든감을　변졍이라　부르면　안　돼
레몬의　마음은　알아
　저를　쥐어짜면서　단맛을　고화하는
것이거든

레몬은 독하게 작열하는 부처야
　푸르데데한 색에서 단맛을 쫙 빼연
　모두 레몬이 될 수 있어
　구연산도 제 가슴에 맺힌 눈물외
사리일지 몰라
　레몬이 지금 내게 신맛의 포교를
해
　내 거짓 눈물이 쏙 빠지도록

레몬
- 김완수

레몬은 나무 위에서 해탈한 부처야
그러잖고서야 혼자 세상 쓴맛 다 삼켜 내다가
정신 못 차리는 세상에 맛 좀 봐라 하고
복장腹臟을 상큼한 신트림으로 불쑥 터뜨릴 리 없지
어쩌면 레몬은 말야
대승大乘의 목탁을 두드리며 히말라야를 넘던 고승이
중생의 편식을 제도濟度하다가
단 것 단 것 하는 투정에 질려
세상으로 향한 목탁의 문고리는 감추고
노란 고치 속에 안거한 건지 몰라
들어 봐,
레몬 향기가 득도의 목탁 소리 같잖아

레몬은 반골을 꿈꿔 온 게 분명해
너도나도 단맛에 절여지는 세상인데
저만 혼자 시어 보겠다고
삐딱하게 들어앉아 좌선할 리 없지
가만 보면 레몬은 말야
황달 든 부처가 톡 쏘는 것 같아도
내가 단것을 상큼하다고 우길 땐
바로 문 열고 나와 눈 질끈 감기는 감화를 주거든
파계처럼 단맛과 몸 섞은 레몬수를 보더라도

그 둔갑을 변절이라 부르면 안 돼
레몬의 마음은 말야
저를 쥐어짜면서 단맛을 교화하는 것이거든

레몬은 독하게 적멸하는 부처야
푸르데데한 색에서 단맛을 쫙 빼면
모두 레몬이 될 수 있어
구연산도 제 가슴에 맺힌 눈물의 사리舍利일지 몰라
레몬이 지금 내게 신맛의 포교를 해
내 거짓 눈물이 쏙 빠지도록

라임 부연

 레몬Lemon은 데몬Demon이 되지 않기 위해 몸부림치는 존재이지 않을까 싶다. 레몬의 신맛, 그 페로몬Pheromone은 솔로몬처럼 나와 상대를 지혜롭게 지키는 역할을 해왔으리라. "눈물의 사리", "신맛의 포교"는 괜히 나온 진언眞言이 아니다.
 나는 살면서 얼마나 단맛을 쫙 빼어 레몬의 포교에 응해 왔던가. 나는 눈물의 사리를 모아 거짓 눈물을 거둬본 적은 있는가. 이 물음들에 묵묵부답일 수밖에 없는 나는 레몬 앞에서 한없이 부끄럽다.
 한편, 레몬의 원산지는 인도, 네팔 등의 히말라야산맥 지대임을 검색을 통해 확인했다. 그 춥고 척박한 곳에서 노란빛 희망을 주렁주렁 매단 레몬의 저력이란! 얕은 지식으로 레몬을 열대 과일로 오해했던 내가 부끄러워진다. 지중해地中海의 레몬이 가장 품질이 좋다는 설명에서 또 한 번 멈칫한다. 풍부한 일조량과 따뜻한 기후 속에서 더 환하게 자라는 레몬처럼, 나도 따스한 응원 속에 커나가고 싶다고 생각한다.
 나아가, 모두 레몬이 될 수 있다고 역설하는 지점에서는 소름이 돋는다. 모두가 부처일 수 있고 창조주의 마음을 헤아리는 존재가 될 수 있다는 이 강력한 문구는 시리도록 눈부신 구원이다.
 아예 첫 구절부터 레몬이 "나무 위에서 해탈한 부처"

라고 시작하고 있지 않은가. 레몬 앞에서 가부좌라도 틀어야 할 것만 같은 이 시. 이제 레몬 하나도 허투루 대하지 못할 것 같다.

〈시〉

울음의 기원

하루가 폐경을 맞는 시간
발을 헛디딘 편에 오른 폐선같이
허수아비가 실어의 늪에 빠져 있다
침묵커 뿌리을 내린 채
여도는 말둑을 꿀어친 지 오래
울음만 앙상하게 솟아 었다
가슴에도 성에가 있다변

울음은 결절의 소리일 젓이다
바람이 뼈을 물으려다 폐념할 때
폼페이 사람들의 월 그려진 죄후가
보인다
새들은 관인해서
뼈에 남은 소리의 상청까지 찾는가
어쩌면 새들은
부러진 알둑을 세우려 했을지 모른
다
낮익은 바람이 돌아오더니

허수아비의　아픈 입을　꾹 시려는 듯
　　허공에　잠깐　울무늬를　그린다
　　나는　울음의　기원을　생각한다
　　저　오래된 침묵은　언제　입을 달았
을까
　　뼈아디아다　가다듬던　소리들이 깡겨
있다
　　운명의　물가에서　떠밀린 외로운
　　하늘도 입을 달자
　　허공에서 차가운 입 냄새가 난다

　　* Pompeii. 이탈리아 남부 나폴리만
연안에 있던 고대 도시.

울음의 기원起源
– 김완수

하루가 폐경을 맞는 시간
발을 헛디뎌 펄에 오른 폐선같이
허수아비가 실어의 늪에 빠져 있다
침묵의 뿌리를 내린 채
떠도는 말들을 물리친 지 오래
울음만 앙상하게 솟아 있다
가슴에도 성대가 있다면
울음은 결절의 소리일 것이다
바람이 뼈를 묻으려다 체념할 때
폼페이 사람들의 일그러진 최후가 보인다
새들은 잔인해서
뼈에 남은 소리의 살점까지 찾는가
어쩌면 새들은
부러진 말들을 세우려 했을지 모른다
낯익은 바람이 돌아오더니
허수아비의 마른입을 적시려는 듯
허공에 잠깐 물무늬를 그린다
나는 울음의 기원을 생각한다
저 오래된 침묵은 언제 입을 닫았을까
뼈마디마다 가다듬던 소리들이 감겨 있다
문명의 물가에서 떠밀린 외로움
하늘도 입을 닫자

허공에서 차가운 입 냄새가 난다

* Pompeii: 이탈리아 남부 나폴리만 연안에 있던 고대 도시.

라임 부연

"울음의 기원起源"을 거슬러 올라가 보니, 순간 내가 기원棋院 바둑판에서의 바둑알 하나가 된 것 같다는 생각이 든다. x축과 y축의 좌표점에서 나와 상대의 위치를 가늠해 본다.

나와 상대의 다음 걸음을 예비하는 자세는, 흥건히 고인 슬픔을 위로하며 나아갈 힘을 제공할 것이다. 아이의 응앙응앙 우는 울음과, 할머니의 그렁그렁한 눈물을 함께 떠올려 보기도 한다. 울음의 이유는 다를 수 있다. 막대사탕을 더 먹기 위해 우는 아이와, 병마에 시달리며 우는 할머니의 결은 다를 것이다.

그러나 결핍 혹은 갈망의 표현이라는 점에서 맞닿는 지점이 있다. 한편, 물이 그려내는 무늬를 따라, 밤의 알맹이와 겉껍질 사이에 자리한 보늬라는 단어도 함께 떠올려본다. 돌멩이를 물에 던졌을 때 퍼지는 잔잔한 무늬는, 곧 돌멩이가 물 안으로 들어갈 것임을 알리는 탁월한 신호가 된다.

밤의 알맹이가 딱딱한 겉껍질에 상처받지 않도록 가만히 감싸주는 보늬는 또 어떤가. "가시 돋운 채 마음 닫은 줄 알았는데 너도 가을 밤송이처럼 친구를 품었구나"라고 노래했던 시인의 마음이 절절히 떠오른다. 문명의 물가에서 늘 서글피 울었을 시인의 마음을 잔잔히 위로해 본다.

〈시〉

　　　케테 콜비츠 *

　번잡한 곳의 귀퉁이는 대개 을씨년
스럽다
　바람이 앙상한 얼굴로 헤매는 베를
린 거리
　도시의 가난은 곰팡이 낀 어둠 같
아서
　사람들에껜 가난을 가릴 차양이 없
다
　그늘진 자리를 서성거리는 여자
　여자가 지켜본 시간을 목판에 새긴
다
　신음이 스민 오늘을 칼끝으로 기록
한다

　가난은 단촐한 색을 가져서
　증언은 화려할 필요가 없다
　가난의 자리는 정제

가난의 시간은 길게

여자의 손길이 목판 위를 오간다

여자가 도드라친 아픔을 어루만진다

주름을 지우듯 경건한 여자

도시의 귀퉁이마다 핏기가 돈다

어둠참이 찾아드는 아들의 전서 통지서

깜깜한 방의 스위치를 찾듯

여자가 피붙이의 기억을 더듬는다

전쟁터는 가난한 삶 같고

아들을 잃은 마음은 빈자의 한숨 같은 것

아픔은 눌어붙은 껌처럼 결결이 나

여자가 다시 칼을 든다

증언은 흉흉한 소문보다 멀리 퍼지니

여자의 손길을 그늘이다 복제해야지

삶의 백과로 아로새겨진 목판

외연이 폭격같이 올지라도

여자의 손길은 멍주지 않을 것이다

모성은 저항의 또 다른 이름

안개는 봄처럼 돌아오리니

착취도 전쟁도 이제 그만

* 독일의 판화가 겸 조각가

케테 콜비츠*
- 김완수

번잡한 곳의 귀퉁이는 대개 을씨년스럽다
바람이 앙상한 얼굴로 헤매는 베를린 거리
도시의 가난은 곰팡이 낀 어둠 같아서
사람들에겐 가난을 가릴 차양이 없다
그늘진 자리를 서성거리는 여자
여자가 지켜본 시간을 목판에 새긴다
신음이 스민 오늘을 칼끝으로 기록한다

가난은 단출한 색을 가져서
증언은 화려할 필요가 없다
가난의 자리는 짙게
가난의 시간은 깊게
여자의 손길이 목판 위를 오간다
여자가 도드라진 아픔을 어루만진다
주검을 거두듯 경건한 여자
도시의 귀퉁이마다 핏기가 돈다

어둠같이 찾아드는 아들의 전사 통지서
캄캄한 방의 스위치를 찾듯
여자가 피붙이의 기억을 더듬는다
전쟁터는 가난한 삶 같고
아들을 잃은 마음은 빈자의 한숨 같은 것

아픔은 눌어붙은 껌처럼 검질기나
여자가 다시 칼을 든다

증언은 흉흉한 소문보다 멀리 퍼지니
여자의 손길을 그늘마다 복제해야지
삶의 벽화로 아로새겨진 목판
외면이 폭격같이 있을지라도
여자의 손길은 멈추지 않을 것이다
모성은 저항의 또 다른 이름
안식安息은 봄처럼 돌아오리니
착취도 전쟁도 이제 그만

* 독일의 판화가 겸 조각가.

라임 부연

 가난은 비난할 수 없는 지난함이다. 봄처럼 돌아올 안식을 향해 탄식하고, 또 기식했을 케테 콜비츠의 모습이 눈에 아른거린다. 기식의 여러 뜻을 사전을 통해 돌아본다. 숨, 호흡의 다른 단어이기도 하고氣息, 숨이 차 기대어 숨을 쉬는 모습倚息이기도 하며, 기량과 식견器識을 두루 나타낸 말이기도 하다. 뛰어난 기량과 식견으로 혹은 홀로이거나 기댄 채 숨 쉬며 작품 활동을 이어 온 그녀의 모습을 보는 듯하다.
 기식寄食이라는 말도 있다. 남의 집에 붙어 밥을 얻어먹고 지낸다는 뜻이다. 그녀는 두 아들을 모두 전쟁터에서 잃은 후 가장 비참한 여자가 되어 작품으로 울부짖으며 살았다. 전쟁의 참화는 그녀의 작품 세계의 모든 것이 되었다.
 결국 손자까지 제2차 세계대전으로 전사하고, 콜비츠는 여러 곳을 전전하다가, 작센공 에른스트 하인리히의 집에서 1945년 4월 22일 사망하였다. 그녀가 사망한 지 16일이 지나 전쟁이 끝난 이 아이러니란. 더부살이라는 뜻의 기식은 그녀의 마지막 순간을 가식假飾 없이 나타내주는 단어이리라.
 내가 주목하는 가장 멋진 뜻은, 여러 수목이나 식물을 조화롭게 심는다는 기식寄植이다. 묻심기로 순화되기도 하고, Group planting이라는 영어로 표기되기도 하는 이 단어는 케테 콜비츠의 숭고한 지향을 그대로 보여준다.

전쟁에 종군해야 한다는 프로파간다의 척박한 땅에, 케테 콜비츠는 반전反戰과 평화의 메시지를 심었다. 그 메시지는 오늘날까지도 깊은 울림을 준다. 유일한 분단국가인 대한민국에 진정한 평화는 언제 찾아올 것인가. 케테 콜비츠의 커튼콜은 그래서 필요하다.

〈시〉

반디의 시위

반디의 아스라한 시위가 궁금했다
다 켜지 못한 불을 꽁무니에 붙이고
구경꾼도 야경꾼도 없이 시위하는 걸 보고서
짠한 현장을 그냥 지나칠 수 없었다

한여름밤의 이슬 같은 몸짓이라
그보다 훨 가고결한 이유가 있으려니 생각했다

처음엔 제 몸 칭칭으로 내오는 결벽인 줄 알았으나
반디가 제 의식에서 불면하는 건
서툰 자의가 아니었다
대낮의 총소리가 총성같이 울리고
소리의 떼 벽이 산 그늘보다 넓을 때

반디는 제가 뿌리내린 숙명에서 깨
의식의 제도로 이주했다

사랑의 퇴거 명령이 탈바꿈을 재촉
하자
반디는 목소리를 키웠다
세상 이목에서 사라질 줄 알아도
낡고 산간하는 인폭은 버릴 수 없
었겠지
야박하게 반디들 간을 내먹던 차윤
은
얼씨구나 그 목소리를 읽었을지 모
른다
외면의 우병 지대에서
내게 황혼 같은 불을 켠 반디

내 발그레한 시선에 좆농이 떨어지
는데
하루살이들의 가멸찬 시위를 보면서
도

손사래로 눈 가릴 수 있을까
이제는 두에 끝 벼랑으로 날아가
촛불을 살리는 반디
반디의 꺼지지 않는 의식이 궁금하다

　※ 가난하여 여름밤에 반딧불이를 모아 그 빛으로 글을 읽었다고 하는,

중국 동진의 학자

반디의 시위
- 김완수

반디의 아스라한 시위가 궁금했다
다 켜지 못한 불을 꽁무니에 붙이고
구경꾼도 야경꾼도 없이 시위하는 걸 보고서
짠한 현장을 그냥 지나칠 수 없었다
한여름 밤의 이슬 같은 몸짓이라
그보다 뭔가 고결한 이유가 있으려니 생각했다

처음엔 저를 청정으로 내모는 결벽인 줄 알았으나
반디가 제 의식意識에서 불면하는 건
서툰 자의가 아니었다
대낮의 쇳소리가 총성같이 울리고
소리의 여백이 산그늘보다 넓을 때
반디는 제가 뿌리내린 숙면에서 깨
의식의 게토로 이주했다

사람의 퇴거 명령이 탈바꿈을 재촉하자
반디는 목소리를 키웠다
세상 이목에서 사라질 줄 알아도
날로 산란産卵하는 인적은 버틸 수 없었겠지
야박하게 반디들 간을 내먹던 차윤˙은
일찌감치 그 목소리를 읽었을지 모른다
외면의 우범 지대에서

내게 황달 같은 불을 켠 반디

내 발그레한 시선에 촛농이 떨어지는데
하루살이들의 가열苛烈한 시위를 보면서도
손사래로 눈 가릴 수 있을까
이제는 두메 끝 벼랑으로 날아가
촛불을 살리는 반디
반디의 꺼지지 않는 의식이 궁금하다

* 車胤: 가난하여 여름밤에 반딧불이를 모아 그 빛으로 글을 읽었다고 하는, 중국 동진東晉의 학자.

라임 부연

 반디를 간디로 오독할 뻔했다. 아니, 이것은 오독이 아닐 것이다. 간디 또한 비폭력 저항의 아이콘이지 않은가. 빛으로 무해한 시위를 하는 반디처럼 나 또한 촛불을 꽉 쥐고 묵언의 시위를 해본다.
 시를 따라가자니 게토Ghetto와 가토Gâteau와 가토加土, 그리고 오토auto와 오토烏兎 같은 단어들이 연이어 뇌리를 스친다. 삶의 게토에 머무는 것 같아도 나는 다행히 듬뿍 북돋는 칭찬의 풍요를 맛보고 있다. 이는 꼭 케이크 같아서 혀에 감기는 달콤함으로 매일을 버티고 있다.
 한편 오토烏兎라는 단어에는 그 자체로 완결된 이야기가 깃들어 있다. 태양 속에는 세 발 가진 까마귀가 살고, 달 속에는 토끼가 살고 있다지. 마치 스스로 빛을 내는 태양과, 빛을 반사하여 함께 빛나는 달의 아름다운 어울림 같다. 그 어울림은 천체가 존재하는 한 자동으로 설치되어 있다는 사실이 오묘하다.
 이미 커다란 태양과 달빛에 익숙한 이들은 반디의 작고 은은한 빛으로는 성에 안 찰지도 모른다. 그러나 하나하나 반디를 모아 책을 읽었던 차윤의 이야기를 우리는 기억하여야 한다. 가히 차윤취형車胤聚螢이자 형설지공螢雪之功이지 않은가! 촛불 하나하나를 든 시민들의 힘이 지도자를 바꾸었듯 역사 속 항거와 연대連帶로 현실을 바꾸어갔던 수많은 민중들이 반디로 빛나는 상상을 한다. 작가는 이미 모인 반디의 힘을 알고 있는 것이다.

2부 기억의 라임

박두규

석연경

그대 10

지금껏 그대 그림자 쫓아 왔으니 그대 또한 반드시 내 숲의 어느 지점에 들어와 있음을 믿는다. 별을 바라보거나 혹은 저무는 강가에서 만난 그대의 幻影 또한 나를 향한 그대의 연모라고 생각한다. 그래. 이미 내 안의 어디에 들기와 나의 술래잡기가 끝나기만을 기다리고 있는지도 모르겠다. 그렇게 그대를 쫓아 온 한 세월은 언제나 매듭지을 수 있을 것인가. 아직도 마음은 오만가지 생각이 없을 건만 이 저자거리의 모퉁이를 막 도는 어느날 그대 불현듯 나에게 오실 것을 믿는다. 바람의 반짝임과 함께 순간적으로 방향을 전환하는 물고기처럼.   2013 봄. 박두규 짓고 쓰다.

그대 10 - 반짝이는 비늘의 물고기처럼
- 박두규

 지금껏 그대 그림자 좇아 왔으니 그대 또한 반드시 내 숲의 어느 지경에 들어와 있을 것을 믿는다. 별을 바라보거나 혹은 저무는 강가에서 만난 그대의 환영幻影 또한 나를 향한 그대의 연모라고 생각한다. 그래, 이미 내 안의 어디에 들어와 나의 술래잡기가 끝나기만을 기다리고 있는지도 모르겠다. 그렇게 그대를 좇아 온 한 세월은 언제나 매듭을 지을 수 있을 것인가. 아직도 마음은 오만 가지의 생각이 맴돌건만 이 저잣거리의 모퉁이를 다 도는 어느 날 그대 불현듯 나에게 오실 것을 믿는다. 비늘의 반짝임과 함께 순간적으로 방향을 전환하는 물고기기처럼.

라임 부연

 불현듯 오실 그대를 믿는 지고지순함이 헤맴 속에서 간절하게 느껴진다. 그 시인을 따라 나 또한 과거 어느 한 시점으로 불시착해 본다. 불면 속에서도 놓지 않았던 당신의 환영이 어룽진다.
 방향을 전환하는 물고기의 비늘이 이토록 반짝일 수 있음을 미리 숙지한다. 묵히고 밀린 숙제처럼 혹은 어제 취한 술로 오늘 받는 과보인 숙취처럼, 당신과의 결별을 한스럽게 기억하기 때문이다.
 오만 가지의 생각이 맴돌지만 거듭하여 매듭을 짓지는 않으려 한다. 찾지 못한 당신을 향한 술래잡기를 그만둘 수 없기에 나는 물고기를 따라 어느 시점에 반짝이며 턴할 것인지 타이밍을 가늠하고 있는 중이다. 그 가늠이 더듬거리는 더늠*이기에 나는 겨우 나를 가누고 있다. 아니, 겨누고 있는 지도, 가두고 있는지도 모르겠다.

---

 * 더늠: 판소리에서 명창이 자신의 독특한 방식으로 다듬어 부르는 어떤 마당의 한 대목.

사랑

딴 한번의 기억으로 한 生을 버티게 하는 것.

2013. 봄. 박누리.

사랑
- 박두규

단 한 번의 기억으로 한 생을 버티게 하는 것.

라임 부연

　단 한 번의 기억으로 한 생을 버티게 하는 것이 사랑이라니 이 얼마나 찬란하고 아름다운 표현인가. 읽을수록 가슴 한구석이 시리도록 아름답다.
　시인의 힘은 그런 것 같다. 한 문장으로 시간과 공간을 초월하는 순간을 만드는 힘. 영화 〈로마의 휴일〉이 생각난다. 공주 역할로 등장하는 오드리 헵번은 그레고리 펙을 바라보며 미소 지은 채 마주 본다. 그 역시 미소와 함께 부드럽게 고개를 끄덕인다. 시간이 멈춘 듯한 찰나와 영원이란. 영화 속 장면처럼 순간의 기억이 평생을 버티는 힘이 될 수 있음을 시인의 시를 통해 묵상해 본다.

그림자

　　나는 그림자. 이승의 계절이 바뀌는 동안 나는
조금씩 그림자가 되어갔다. 매혹한 겨울을 사람들이
좋아한다 해도, 나는 종속적인 바이를 먹으며 그림자가
되어갔다. 새 표품을 만나면 새표품의 그림자, 사
랑을 만나면 사랑의 그림자, 아기라면 되어 아버
지의 그림자, 흙을 보나 흙의 그림자, 절망을 만나
도 절망의 그림자, 하루하루 그렇게 한 세월이라고
어느날 우연히 늪에 들어 나는 그 누구, 그 무엇의 그

림자도 아닌 그대의 그림자라는 것을 알게 되었다
하루도 예측하지 못했던 내 앞에 있는 날 그대,
실체도 없는 그대의 그림자

　　　　　　　　　　　2013년 여름
　　　　　　　　　　　　박 득수

그림자
- 박두규

　나는 그림자. 이승의 계절이 바뀌는 동안 나는 조금씩 그림자가 되어갔다. 매 순간 경이로운 시간들이 흘렀다 해도, 나는 통속적인 나이를 먹으며 그림자가 되어갔다. 배고픔을 만나면 배고픔의 그림자, 사랑을 만나면 사랑의 그림자, 아버지가 되어 아버지의 그림자, 시詩를 만나 시詩의 그림자, 절망을 만나도 절망의 그림자, 하지만 그렇게 한 세월이 가고 어느 날 우연히 숲에 들어 나는 그 누구, 그 무엇의 그림자도 아닌 그대의 그림자라는 것을 알게 되었다. 한 번도 예감하지 못했던 내 안의 밝은 빛 그대, 실체도 없는 그대의 그림자.

라임 부연

그림자는 물체가 빛을 가려서 그 물체의 뒷면에 드리워지는 검은 그늘이다. 나는 그림자, 어둠을 흡수하기도 하는 잘 보이지 않는 그림자. "이승의 계절이 바뀌는 동안 나는 조금씩 그림자가 되어갔다"라는 시구를 몇 번씩 읽었다. 천천히 찬찬히 읽고 읽었다. "이승의 계절이 바뀌는 동안 나는 조금씩 그림자가 되어"가고 한 소년은 자라서 아비가 되는 매 순간이 경이롭도록 흘러간다. 그렇게 "배고픔을 만나면 배고픔의 그림자", "사랑을 만나면 사랑의 그림자", "아버지가 되어 아버지의 그림자", "시詩를 만나 시詩의 그림자", "절망을 만나도 절망의 그림자"가 되어간다.

하지만 한 세월이 흐르고 어느 날 우연히 숲에 들어갔던 시인은 자신이 그 무엇의 그림자도 아닌 그대의 그림자라는 것을 알게 된다. 자세히 바라보지 않으면 모르는 그림자. 하지만 그림자도 밝은 그대를 만나, "실체도 없는 그대의 그림자"가 된다.

나도 내 안의 밝은 빛을 만나고 싶다. "실체도 없는 그대의 그림자"를 만나 그림자가 되고 싶다. "시詩를 만나 시詩의 그림자"가 되고 싶다는 말처럼, 라임을 만나 라임의 그림자가 되어 살아도 기쁠 오늘이다.

가여운 나를 위로하다

툇마루에 앉아 강물을 바라보다. 의심도 없이 그대를 좇아온 세월들은 아직도 강물을 거슬러 오르고 있다. 그대의 幻影을 노래한 詩들은 물 위의 무리처럼 거침없이 떠내려오는다. 이승의 시간이 다하기전 그대를 만날 수 있을거라는 이 서글픈믿음이 아직도 늙지 않았다. 나는 이미 강의 하류에 이르렀건만. 지금도 강물을 거슬러 오르는 이 허튼 서글픔만이 남아 가여운 나를 위로한다.

2013년 여름 박주주

가여운 나를 위로하다
- 박두규

툇마루에 앉아 강물을 바라본다. 의심도 없이 그대를 좇아 온 세월은 아직도 강물을 거슬러 오르고 있다. 그대의 환영幻影을 노래한 시詩들도 은어의 무리처럼 거침없이 따라 오른다. 이승의 시간이 다하기 전, 그대를 한번 만날 수 있을 거라는 이 생각만이 아직도 늙지 않았다. 나는 이미 강의 하류에 이르렀건만 지금도 강물을 거슬러 오르는 이 허튼 생각만이 남아 가여운 나를 위로한다.

라임 부연

컴퓨터 앞에 앉아 화면을 물끄러미 바라본다. 시인의 언어를 잘 해석하고 있는지 스스로 자책하며 괴로워했다. 문학을 하는 일은 늘 버겁고, 잘하고 싶고, 인정받고 싶은 자신과의 싸움이었다. 지치고 던져버리고 싶은 마음들을 다독이며 여기까지 왔다. 글을 쓰고 싶었던 마음과 포기하고 싶은 마음 사이의 줄다리기이자, 기다리기였다.

툇마루에 앉아 강물을 바라보는 일은 세월을 견디는 일이라는 생각이 든다. 시인이 바라보는 강물은 파란 하늘처럼 고요하고 잔잔하게 흘러갔을 것이다. 시인의 환영 같은 시들이 가지는 생명력과 움직임을 지켜본다.

"그대의 환영幻影을 노래한 시詩들도 은어의 무리처럼 거침없이 따라 오른다."라고 표현하고 있듯이 그대의 환영은 문학의 신이었을지 모른다. 뮤즈가 오길 기다리는 시인이여, 나이를 먹어 이승의 시간이 끝나기 전에 한 번쯤 만났으면 한다.

강물은 상류-중류-하류로 흐르고 사람도 초년-중년-말년이 있다. 세월은 아직도 강물을 거슬러 오르고 있다고 표현하지만, 화자는 이미 강의 하류에 이르렀음을 스스로 알고 있다.

"나는 이미 강의 하류에 이르렀건만 지금도 강물을

거슬러 오르는 이 허튼 생각만이 남아 가여운 나를 위로한다"는 표현이 내내 마음을 적신다. 시인은 평생 인고忍苦 속에서 쓰고 싶었던 시어들을 강물에 은어들처럼 풀어놓는다. 시어 하나하나가 반짝인다. 새로운 세계를 얻기 위해서는 자신의 세계를 놓아야 한다, 그리하면 미학을 배울 수 있다. 나도 툇마루 옆에 앉아 시인 곁에서 시인의 따뜻하고 잔잔한 눈빛을 마주하고 싶다.

월식

             석연경

갱도에서 물고기 떼가 나온다

깊숙한 지하에는 해감내
고대의 주검이 달궈지는 시간
금강석은 죽음을 지나왔다

어둠 속 어딘가
유폐된 빛을 품고 있다

무너진 갱도가 뚫리자
매지구름이 걷힌다

물고기 떼가 바야흐로
달에 닿는다
찬란한 어둠
곧이곧문 월식이 시작된다

월식
- 석연경

갱도에서 물고기 떼가 나온다

깊숙한 지하에는 해감내
고대의 주검이 달궈지는 시간
금강석은 죽음을 지나 있다

어둠 속 어딘가
유폐된 빛을 품고 있다

무너진 갱도가 뚫리자
매지구름이 걷힌다

물고기 떼가 바야흐로
달에 닿는다
찬란한 어둠
금시초문 월식이 시작된다

라임 부연

월식이 "찬란한 어둠"일 수 있음을, 시인의 시를 통해 배운다. "유폐된 빛"을 품은 "어딘가"를 시인은 알고 있을 것만 같다. 물고기는 그렇기에 현명하다. 어둠일 때 달에 닿으니 말이다. 해감내와 주검을, 무너진 갱도와 매지구름(비를 머금은 검은 조각구름)을 연결하는 시심도 놀랍다. 죽음을 지나 있는 금강석은 또 얼마나 빛나겠는가.

eclipse라는 영어 단어가 연이어 연상된다. 일식과 월식의 식食에 해당하는 것인데, 그리스어 ἔκλειψῖς(f. ékleipsis)에서 비롯되었다고. 포기, 사라짐을 뜻하는 의미가 빛을 잃다, 는 의미로 확장된 것이다. ellipse와 eclipse 사이의 간극을 묵상하게도 된다. ellipse는 생략을 뜻한다. 빛이 잡아먹혀 어둠이 된 상태인 eclipse와, 주어 등이 겉으로 드러나지 않고 생략된 상태인 ellipse는 결이 많이 닮았다. 생략되었다고 없어진 것은 아닐 것이다. 생략과 숨김이 더 큰 걸음을 향한 섬김이 될 수 있음을 묵상한다.

복숭아 성전

박연경

불 들어갑니다
아무것도 가지지 않는 불은
지푸라기 하나라도
제 것이 아니라고
봄날을 활활 탄다
비우다 투명하게 사라진
분홍 분홍 복숭아 꽃잎
바람의 머릿결이
불의 긴 옷자락을 잡아당기는데
아무것도 아닌 풍경의 절벽
생의 바깥이란 없어서
안개비 자욱한 저녁
시간의 숨고리 따라
설레는 복숭아나무가
불꽃의 심장을 식히고 있었다
분홍 분홍 불이 말갛다   다시 봄이다
봄의 새악시다

복숭아 성전
- 석연경

불 들어갑니다
아무것도 가지지 않는 불은
지푸라기 하나라도
제 것 아니라고
봄날을 활활 탄다
비우다 투명하게 사라진
분홍 분홍 복숭아꽃잎
바람의 머릿결이
불의 긴 옷자락을 잡아당기는데
아무것도 아닌 풍경의 절벽
생의 바깥이란 없어서
안개비 자욱한 저녁
시간의 숨소리 따라
설레는 복숭아나무가
불꽃의 심장을 식히고 있었다
분홍 분홍 볼이 발갛다 다시 봄이다
봄의 새악시다

라임 부연

  복숭아의 분홍빛이 마치 발그레 달아오른 새색시의 볼 같다. 봄날의 불이 활활 타오르다 못해 물크러져 익어버린 것처럼, 물컹한 복숭아의 질감에 내 가슴마저 함께 덜컹, 내려앉는다.
  "생의 바깥이란 없어서"라는 문장 앞에서 한참 멈춰 선다. 오랫동안 생의 바깥에서 서성거렸던 과거사가 주마등처럼 지나간다. 시인의 향긋한 시 속에서, 나는 생긋, 생의 바깥에서 생의 한가운데로 안착하는 느낌이다. "시간의 숨소리 따라" "설레는" 존재인 복숭아나무. 기어코 "불꽃의 심장을 식"혀야 할 만큼 두근대는 감정을 날것으로 체감한다.
  pink의 ink로 그린 link라는 라임이 연상된다. 분홍빛 잉크로 연결선을 열심히 그려가다 보면, 안정된 hink(양동이)로 인해 sink(침몰시키다)도 방지될 수 있지 않을까? 복숭아 철이 도래한 요즘, 하늘이 그린 분홍빛 복숭아를 먹으며 분홍빛 꿈을 꾸어본다. 꿈속에서 송이송이 복숭아꽃이 활짝 만개한다.(Bloom, Blossom)

라벤더

                                박연경

내 영혼의 깊숙한 황무지에
그대 지중해의 출렁임으로 스미어
숨가쁜 향기로 나를 이끄네

그대에게 가는 동안
꿈결인 듯 취하는 건
그대 애틋한 눈길이
간절한 기도로 촘촘히 꽃 피워
나를 부르기 때문

보랏빛 황홀경에 드는 건
그대 싸하고 기품있는 향으로
아무 꿈도 꾸지 않은 채
내 품에 안기기 때문

순결한 그대와 영원 속에 깃든 건
순간순간 향기로 스몄다가
흔적 없이 사라지기 때문

라벤더
- 석연경

내 영혼의 깊숙한 황무지에
그대 지중해의 출렁임으로 스미어
숨 가쁜 향기로 나를 이끄네

그대에게 가는 동안
꿈결인 듯 취하는 건
그대 애틋한 눈길이
간절한 기도로 촘촘히 꽃 피워
나를 부르기 때문

보랏빛 황홀경에 드는 건
그대 싸하고 기품 있는 향으로
아무 꿈도 꾸지 않은 채
내 품에 안기기 때문

순결한 그대와 영원 속에 깃든 건
순간순간 향기로 스몄다가
흔적 없이 사라지기 때문

라임 부연

 깊숙한 황무지에 깊숙이 다가오는 당신이 도무지 이해되지 않는다. 라벤더 향기가 코끝을 찌르는데, 숨 가쁜 향기를 숨길 수가 없다. 간절한 기도는 막힌 기도도 열리게 해 줄 터. 보랏빛 황홀경에 짐짓 눈짓을 보낸다.
 황홀경은 식후경보다 아름다워서 나는 그토록 좋아하던 밥도 양껏 먹지 않고 수저를 내려놓는다. 순결한 순간은 순망치한脣亡齒寒이기도 해서 내가 없으면 그대도 없는 상황을 빚어낸다.
 그렇게 시인의 시 속에서, 영원과 찰나, 흔적과 은적은 뫼비우스로 연하여 하나가 된다. 나비가 나인가, 내가 나비인가. 나비는 날아가고 나는 라벤더 향에 취해 벤치에 남았다.

매화에 내리는 비

복연경

비로 내리는 당신
나는 진다
낙화라는 사랑법
당신 무게에 견디지 못해서가 아니라
당신과 함께 살고 지고자 내린다
젖어 내리는 내 한생
봄날의 일만이 아니다

둥근 열매 열리는 날
단단한 우리 사랑
여름 빗소리로 다시 피리니
이 봄 매화에 내리는 비
젖어 울지 않으리

매화에 내리는 비
– 석연경

비로 내리는 당신
나는 진다
낙화라는 사랑법
당신 무게에 견디지 못해서가 아니라
당신과 함께 살고 지고자 내린다
젖어 내리는 내 한생
봄날의 일만이 아니다
둥근 열매 열리는 날
단단한 우리 사랑
여름 빗소리로 다시 피리니
이 봄 매화에 내리는 비
젖어 울지 않으리

라임 부연

 낙화라는 사랑법과 젖어 울지 않는 사랑법을 시를 통해 알았다. 비와 함께 지는 꽃은 하나 되어 꽃비가 된다. 무게를 견디지 못하는 것이 아니라고, 당신 곁이고자 한다고 강조한다. 이는 대견한 볕뉘에 가깝다.
 볕뉘란 작은 틈을 통하여 잠시 비치는 햇볕, 혹은 다른 사람으로부터 받는 보살핌이나 보호를 뜻한다. 햇빛의 강도가 꼭 세어야 하는 것은 아니다. 당신의 아픔을 녹일 수만 있다면 문틈에 새어드는 가느다란 빛 한 줄기라도 커다란 의미로 다가설 것이다. 매화에게 다가가는 비와 그 비와 매화를 바라보는 시인의 눈길이 이를 방증한다.
 하여, 나는 이제 가만있지 않을 것이다. 매화도 비를 따라 땅으로 다가서는데, 가만히 있으면 가마니가 된다는 구절을 깊이 새긴다. 매화야 고맙다. 개화할게. 그리고 우리는 대화를 하자.

3 너머의 라임

안준철

유홍준

결핍

안 준철

저 고운 빛은 어디서 왔을까
조금은 알 것도 같다

곱지 않아서
고울 수 없어서

애쓰는 마음에서 왔다는 것을

결핍
- 안준철

저 고운 빛은 어디서 왔을까
조금은 알 것도 같다

곱지 않아서
고울 수 없어서

애쓰는 마음에서 왔다는 것을

라임 부연

푹 고아서 고와지는 지점이 있다. 지옥의 연단, 그 자욱한 연탄재 속에서 애쓰는 마음이 있기에 쓰라리지만 쓰러지지 않으리라. 그렇기에 (글)쓰기는 훌륭한 '애씀'이다. 칼보다 강한 펜으로 몸부림치며 한 자 한 자 써내려가는 시인의 애씀이 씀바귀의 쓴맛과 함께 전해진다.

시인은 "고운 빛"에 집중했지만, 나는 오히려 그 빛을 돋보이게 하는 어둠에 시선을 보낸다. 힘을 툭 빼고 배경이 되어 빛의 발산을 지지해주는 어둠은 텅 빈 충만으로 고움을 가득 뿜어내고 있다. "스스로 어둠이 되면 다른 것들이 빛난다"라는 문구가 혀에 고인 침처럼 내내 맴돈다.

암이라는 어려운 병과 동행하는 시인의 아픔을 알기에 이 시는 더더욱 눈부시게 다가온다. 맨발 걷기와 자전거 타기를 통해 건강이 악화되지 않게 애쓰는 시인의 각별한 노력에 박수를 보낸다. 사실 나도 애쓰고 있다. 다른 애쓰고 있는 이들에게도 이 시가 위로 향할 수 있는 위로가 되기를 바란다.

꽃도 서성일 시간이 필요하다

안 준 철

집에서 덕진연못까지는
자전거로 십오 분 거리다
내가 자전거를 타고 가는 동안
연꽃은 눈 세수라도 하고 있을 것이다

오늘처럼 신호등에 한 번도 안 걸린 날은
연못 입구에서 조금 서성이다 간다
연밭을 둘러보니 어제 꽃봉우리 그대로다
아, 내가 너무 서둘렀구나

꽃도 서성일 시간이 필요한 것을

꽃도 서성일 시간이 필요하다
- 안준철

집에서 덕진연못까지는
자전거로 십오 분 거리다
내가 자전거를 타고 가는 동안
연꽃은 눈 세수라도 하고 있을 것이다

오늘처럼 신호등에 한 번도 안 걸린 날은
연못 입구에서 조금 서성이다 간다
연밭을 둘러보니 어제 꽃봉오리 그대로다
아, 내가 너무 서둘렀구나

꽃도 서성일 시간이 필요한 것을

라임 부연

서성일 시간과 공간이 필요한 것은 비단 사람만이 아니라는 사색을 하게 된 시. 꽃에게 서성일 시간을 내어주며 꽃과 사람 모두 '안전거리'를 확보할 수 있을 것이다. 꽃이 자라남을 방해받지 않을, 피어나지도 못한 꽃봉오리째로 꺾이지 않을, 화사하게 핀 채 순교하지 않을, 생명生命이라는 명령을 수행할 온전한 시공간이 꽃에게는 절대적으로 필요할 터. 그렇기에 자전거를 타고 가는 동안 "눈 세수"를 하며 화자를 기다렸을 연꽃이 이토록 눈물겹다. 그 눈물겨움이 복에 겨움이 되는 지점에서 나는 힘겨움을 버티고 있다.

서성이며 피고 있는 꽃처럼 나 또한 여백 속에서 나만의 꽃을 피우고 있다. 2023년 말로 계약직 직장이 종료되고 새 직장을 얻기 전까지 생긴 여유시간은 오롯이 역사와 예술 사이의 오솔길을 걷는 데 쓰고 있다. 자랑스러운 전통악기 해금奚琴을 소중히 여기며, 문예창작 석사 3학기와 전남문화재단 청년예술가 2년 차를 병행하면서 말이다.

다만 연꽃과 화자의 상호작용에 나는 덜컥 겁부터 난다. 오래 묵은 고민을 건드리기 때문이다. 화사한 꽃을 위해 더 서성일 것인가, 고사하지 않기 위해 성장을 내려놓고 내실 있게 할 것인가. 일단은 흔들리며 피는 꽃처럼 서성임 속 성장을 유지하고 있는 중이지만 만

약 꼭 선택해야 한다면 꽃이 지기 전 열매를 맺는 방향으로 나아가고 싶다.

벌에 쏘이다

안준철

처음엔 그저 농으로 해본 소리였다
영락없이 벌에 쏘인 자리처럼
눈두덩이 벌겋게 부어올라
보는 사람들마다
벌에 쏘였느냐고 묻기에
벌이 아니라 별에 쏘였다고
지리산 연하천에서 하룻밤을 묵었는데
어찌나 별이 곱고 좋던지
고개가 아플 정도로 별을 쳐다본 뒤로
일이 이렇게 되었노라고

얼음찜질 덕분인지
보기 흉하게 부어 오른 눈두덩은
웬만큼 가라 앉았다
이마와 가슴에 박힌 침은
아직, 오리무중이다
다시 태어나려는지
환하게 아프다

별에 쏘인 것이다

별에 쏘이다
- 안준철

처음엔 그저 농으로 해본 소리였다
영락없이 벌에 쏘인 자리처럼
눈두덩이 벌겋게 부어올라
보는 사람들마다
벌에 쏘였느냐고 묻기에
벌이 아니라 별에 쏘였다고
지리산 연하천에서 하룻밤을 묵었는데
어찌나 별이 곱고 좋든지
고개가 아플 정도로 별을 쳐다본 뒤로
일이 이렇게 되었노라고

얼음찜질 덕분인지
보기 흉하게 부어오른 눈두덩은
웬만큼 가라앉았다
이마와 가슴에 박힌 침은
아직, 오리무중이다
다시 태어나려는지
환하게 아프다

별에 쏘인 것이다

라임 부연

 별에 쏘인 느낌이 궁금하다. 멀리 있기에 작아 보이지만 실제로는 굉장할 크기인 별이기에, 거대한 별이 별똥별이 되어 나에게 쏟아지는 느낌은 얼마나 강렬할 것인가 상상해 본다. 부어오른 눈두덩과 논두렁에 착륙한 운석이 순간 겹쳐 보인다. 어쩌면 눈(目)의 반짝임은 별똥별이 전해 준 선물일지 모른다.
 환하게 아프다는 시인의 오리무중 속 오색찬란을 조심스레 짐작해본다. 벌이 흘린 꿀에 아픈 줄도 모르는 것처럼 별이 흘린 반짝임 때문에 수많은 고통을 지울 수도 있음을 이제는 안다. 아이의 맑은 웃음이 부모가 감당한 이제까지의 모든 고통을 잊게 만드는 것처럼 그 환함이 환자인 나를 환대의 대상으로 이끌어가고 있기에, 격하게 고개 끄덕여본다.

첫 눈

안 준 철

첫눈이 오는 날
문득 올려다 본 하늘은
햇솜 날리는 방적공장 같았습니다
잿빛 허공이 눈송이로 변하여
흩날려 내려오는 것을
밤새 숨죽이고 기다렸다가
한 벌 옷감이 될 성 싶으면
몰래 거두어
누이의 가난한 어깨를 덮어주고 싶었습니다

흩날리는 눈발 사이로
언뜻 비친 하늘은
무언가 견디고 있는 사람 같았습니다
딴은, 하늘이 파랗게 얼어붙어
춥고 아프고 상한 얼굴이 되어서야
솜털 같은 희고 보드라운 것들이
하늘 가득 내려와
너의 집 쓸쓸한 지붕 위에도
무명 이불로 덮이겠지요

눈 쌓인 담벼락
서로의 무게를 받아주는
아랫돌과 윗돌의 연대는
얼마나 견고한 아름다움인가요
나를 위해 누군가
견디고 있는 사람이 있다면
얼마나 눈물겨운 세상인가요

첫눈이 오던 날
하늘에서 화사하게 내려오는
희고 앙증한 눈송이보다도
눈이 오도록 견디고 있는 하늘이
더 아름다워 보였습니다

첫눈
- 안준철

첫눈이 오는 날
문득 올려다본 하늘은
햇솜 날리는 방직공장 같았습니다
잿빛 허공이 눈송이로 변하여
흩날려 내려오는 것을
밤새 숨죽이고 기다렸다가
한 벌 옷감이 될 성싶으면
몰래 거두어
누이의 가난한 어깨를 덮어주고 싶었습니다

흩날리는 눈발 사이로
언뜻 비친 하늘은
무언가 견디고 있는 사람 같았습니다
딴은, 하늘이 파랗게 얼어붙어
춥고 아프고 상한 얼굴이 되어서야
솜털 같은 희고 보드라운 것들이
하늘 가득 내려와
너와집 쓸쓸한 지붕 위에도
무명 이불로 덮이겠지요

눈 쌓인 담벼락
서로의 무게를 받아주는

아랫돌과 윗돌의 연대는
얼마나 견고한 아름다움인가요
나를 위해 누군가
견디고 있는 사람이 있다면
얼마나 눈물겨운 세상인가요

첫눈이 오던 날
하늘에서 화사하게 내려오는
희고 앙증한 눈송이보다도
눈이 오도록 견디고 있는 하늘이
더 아름다워 보였습니다

라임 부연

 시인의 시야는 정녕 하늘만큼 넓은 것인가. "눈이 오도록 견디고 있는 하늘"이란 구절에 방점이 찍힌다. 그저 화사한 눈송이가 되고 싶었던 나에게 청년예술가 지원사업은 하늘의 입장을 이해할 수 있는 계기가 되고 있다. 전체 판을 그리고 여러 입장을 조율, 조정하면서 결실을 빚어가는 과정이 때로는 버겁게도 느껴진다. 하지만 하늘은 얼마나 많은 경우의 수를 타진하며 견디고 계실까 싶어 숙연해진다. 차마 어쩌지 못할 마음을 처마 끝에서 뚝뚝 떨구어본다.
 안준철 시인의 「첫눈」이라는 제목을 달고 있는 시는 한 편이 더 있다. 편의상 '짧은 첫눈'으로 명명되는 「첫눈」 시는 "대지와의 첫 입맞춤"으로 첫눈을 묘사하고 있다. 필시 설렘 가득한 마음일 텐데 자극적이지 않고 담백하게 그려내어 글줄 자체로 첫눈 같다. 이 시를 보고서야 위의 시에 대한 의문이 풀린다. 하늘은 대지와의 입맞춤이 얼마나 떨리는 황홀인 줄을 알기에 눈 질끈 감고 수많은 눈송이들을 용인할 수 있는 것이리라. "아랫돌과 윗돌의 연대"처럼 '짧은 첫눈 시와 긴 첫눈 시의 연대'는 하늘의 마음을 풍성하게 읽게 해주는 열쇠이리라. 늘 하늘이어서 감사하다는 수줍은 고백을 써본다. 오늘의 그늘이 걷힐 수 있도록.

참고

첫눈
- 안준철

첫눈이 왔다
모처럼 늦잠을 잔 날이다

아주 흠뻑 온 건 아니지만
제법 왔다, 첫 키스치고는

첫 키스라는 것이
아무리 서툴렀다 한들
입술이 닿았다는 얘긴데

대지와의 첫 입맞춤
얼마나 설레었을까, 싶다

북천
  – 까마귀

어제 없는 데 오늘도 남아 있다
지푸라기가 들에서 있고 바람이 날아대이고
계속해서
무얼 더 먹을 게 있는지,
새까만 눈이 새까만 눈을 얼지락뒤치락 쫓아내며 쪼고 있다
전봇대는 일렬로 늘어서 있고 차들은 휑하니 지나가고
내용도 없이
나는 어제 걸었던 들길을 걸어나간다

 사랑도 없이 싸움도 없이, 까마귀야 너처럼 까만 외로움을
있는 나는 오늘 하루를 보낸다

 원인도 없이 내용도 없이 저 들길 끝까지 걸어가 본다

북천 –까마귀
- 유홍준

어제 앉은 데 오늘도 앉아 있다

지푸라기가 흩어져 있고 바람이 날아다니고

계속해서

무얼 더 먹을 게 있는지,

새카만 놈이 새카만 놈을 엎치락뒤치락 쫓아내며 쪼고 있다

전봇대는 일렬로 늘어서 있고 차들은 휭하니 지나가고

내용도 없이

나는 어제 걸었던 들길을 걸어 나간다

사랑도 없이 싸움도 없이, 까마귀야 너처럼 까만 외투를 입은 나는 오늘 하루를 보낸다

원인도 없이 내용도 없이 저 들길 끝까지 갔다가 온다

라임 부연

 이 시는 북천의 모든 것을 노래한 시인의 연작시 가운데에서도 대표작이다. 시인에게 까마귀는 그저 동물이 아니다. 시 안에서 까마귀는 오랜 습관을 이기지 못하는 듯 "어제 앉은 데 오늘도 앉아" 있으며, 들길 끝까지 '갔다 오는' 존재이다. 사랑도 싸움도 없이 살고 싶은 시인에게, 까마귀는 이를 초연하게 이미 살아 내고 있는 존재이다. 중요한 것은 다른 어떤 곳이 아닌 북천의 까마귀라는 것이다. 세상의 모든 만물과 사물을 "북천"으로 묶는 시인의 손길은 무심한 듯 다정하다.
 시인에게 북천이란 어떤 공간일까. 경상남도 하동군 북천면일까. 그럴 수도 있다. 시인은 그곳에 자리한 이병주문학관의 사무국장이었고, 출퇴근을 하며 북천면이라는 실제 공간을 마음에 오래 품었을 수 있다. 하지만 내가 독해하기에, 곽재구의 "사평역"처럼 가상의 공간으로 확장되었을 가능성이 높다. 일상에서 접한 모든 소재를 북천에 귀속시키는 시선은, 하동군 북천면이라고 한계를 둘 수 없는 경지를 보여주기 때문이다.
 북천에 대해 쓴 다른 연작시들을 연이어 읽어볼 것을 추천한다. 개인적으로 내내 마음에 찡한 울림으로 다가왔던 시는 「북천-채경菜藑」이다. 무덤가에서 피리를 부는 북천 남자의 그리움을 따라 내 안에 깊이 고인 상실의 아픔을 들여다볼 수 있었다. 흘리듯 그 여자가 목매어 죽었을지[縊] 모른다는 힌트를 남긴 시. 하고 싶은 것도 할 수 있는 것도 많았을 요절은 서러운 죽음이다. 그 죽음을 가만가만 위로하는 피리 소리가 오늘 유독 그립다.

친정

유홍조

개똥나무 꽃이 피어 있었다
죽기 살기로 꽃을 피워도 아무도 봐주지 않는 꽃이 피어 있었다
친정 고개 아래 노인은 그 나무 아래 누런 소를 매어 놓고 있었다
일평생 매여 있는 사람이 살고 있었다
안 태어나도 될 걸 태어난 사람이 살고 있었다
육손이가 살고 있었다
언청이가 살고 있었다
그 고개 밑에 붕두를 자식으로 둔 애비 에미가 살고 있었다
그 자식한테 두들겨 맞으며 사는 사람이 살고 있었다
아무도 봐주지 않는 개똥나무 꽃이
그 고개 아래
안 피어도 될 걸 피어 있었다

천령
- 유홍준

개오동나무꽃이 피어 있었다
죽기 살기로 꽃을 피워도 아무도 봐주지 않는 꽃이 피어 있었다
천령 고개 아래 노인은 그 나무 아래 누런 소를 매어놓고 있었다
일평생 매여 있는 사람이 살고 있었다
안 태어나도 될 걸 태어난 사람이 살고 있었다
육손이가 살고 있었다
언청이가 살고 있었다
그 고개 밑에 불구를 자식으로 둔 애비 에미가 살고 있었다
그 자식한테 두들겨 맞으며 사는 사람이 살고 있었다
아무도 봐주지 않는 개오동나무꽃이
그 고개 아래
안 피어도 될 걸 피어 있었다

라임 부연

구절구절이 다 '과거형'이다. 지금은 피어 있지 않은, 살아 있지 않은 모양이다. 개오동나무꽃, 육손이, 언청이, 불구를 자식으로 둔 애비 에미, 자식에게 두들겨 맞으며 사는 사람, 이 모두를 "있었다"라고 기록하는 시인은 일종의 역사가歷史家다. 그 낱낱의 기록들은 고스란히 천령薦靈 의식을 통해 승화된다. 아무도 봐주지 않지만 안 피어도 되었지만 꿋꿋이 피어 있었노라고 적은 사관史官의 글은 그래서 귀하다.

지금은 부재하지만 당시엔 존재했음을 기억하면서 죽은 사람의 넋이 정토나 천상에 나도록 기원하는 일을 뜻하는 천령. 설령 천령을 통한 위령이 어렵다고 하더라도 이들을 수렁에서 건지는 시렁이기를 바랄 뿐이다.

사실 내 심리를 투영한 듯한 시여서 마음이 많이 갔다. 있는 그대로의 나를 존중하기 힘들었던 삶을 살아오면서 괜히 태어난 것 아닌가, 나를 제외해야 이 집이 완벽해지는데, 라는 생각을 종종 해왔기 때문이다. 그러다 겨우 원점에서 일어나 죽기 살기로 여러 일들을 해오며 여기까지 이르렀는데, 그럼에도 한 번씩 자학이 불쑥 고개를 내밀 때가 있다.

그럴 때마다, 그런 내가 있었네, 그랬던 시절을 긍정해보는 중이다.

상상리뷰 기획특집

결

엮은이 박희연
초판인쇄 2024년 9월 25일 **초판발행** 2024년 10월 5일
펴낸곳 도서출판 상상인 **편집주간** 황정산 **펴낸이** 진혜진
표지디자인 최혜원 **기획·마케팅** 전은빈 최유림 노혜림 정현수
책임교정 종이시계 **편집** 세종PNP
등록번호 제572-96-00959호 **등록일자** 2019년 6월 25일
주소 06621 서울시 서초구 서초대로74길 29, 904호
전화번호 02-747-1367, 010-7371-1871
팩스 02-747-1877 **전자우편** ssaangin@hanmail.net

ISBN 979-11-93093-68-9 (03810)

값 12,000원

* 이 책은 전라남도, (재)전라남도문화재단의 후원을 받아 발간되었습니다.
* 이 책은 전부 또는 일부 내용을 재사용하려면 반드시 저작권자와 도서출판 상상인의 동의를 받아야 합니다
* 이 도서의 국립중앙도서관 출판시도서목록(CIP)은 서지정보유통지원시스템 홈페이지(http://seoji.nl.go.kr)와 국가자료공동목록시스템(http://www.nl.go.kr/kolisnet)에서 이용하실 수 있습니다.